HISTOIRE

DE LA

FORMATION

DE LA

BIBLIOTHÈQUE MUNICIPALE

Créée à Strasbourg

En 1872

PAR

P. RISTELHUBER

PARIS

CHAMPION, ÉDITEUR

9, Quai Voltaire, 9

—

1895

HISTOIRE

HISTOIRE

DE LA

FORMATION

DE LA

BIBLIOTHÈQUE MUNICIPALE

Créée à Strasbourg

En 1872

PAR

P. RISTELHUBER

PARIS

CHAMPION, ÉDITEUR

9, Quai Voltaire, 9

—

1895

INTRODUCTION

Ce qui se sait le moins, ce qui s'oublie le plus vite, c'est l'histoire contemporaine. Ainsi voilà M. Thiaucourt, professeur à la Faculté de lettres de Nancy, qui publie dans les *Annales de l'Est* et fait tirer à part, 1893, une étude sur les *Bibliothèques de Strasbourg et de Nancy :* un chapitre est consacré à la Bibliothèque municipale de Strasbourg ; après un préambule, l'auteur annonce qu'il va mentionner les *principaux* donateurs, et je figure parmi ces donateurs ; je n'y ai cependant guère de droit, mais j'ai droit au titre de Bibliothécaire.

Pour une fois que mes concitoyens ont daigné me charger d'une fonction qui fut honorifique, mais qui ne fut pas une sinécure, je tiens à ce que mon rôle ne soit pas amoindri et j'invoque le *Suum cuique.*

Pour dresser sa liste de donateurs, M. Thiaucourt a reproduit les indications contenues dans les bulletins envoyés aux *Affiches de Strasbourg*, il n'en a pas moins composé un tableau qui manque de proportions et de perspective ; on est en présence d'un fatras d'où il faut tirer quelques notes comme celles relatives aux papiers de Fritz, de Rœhrich et de Schœll. Sans quêter, en ce qui nous concerne, des certificats de haute compétence et de zèle infatigable, nous nous sommes décidé à publier les procès-verbaux de la Commission permanente de la Bibliothèque, ce sera de l'histoire documentée ou documentaire. « Le but principal de la Bibliothèque, dit encore M. Thiaucourt, est de former la collection la plus complète d'écrits relatifs à l'Alsace. » Ce but n'a pas été atteint, car la Bibliothèque universitaire acquit, à l'origine, la collection Heitz, et vient d'acquérir la collection Ch. Schmidt. La Bibliothèque universitaire compte 700.000 volumes et dispose pour ses achats de 58.000 marks par an. Ces chiffres ont une éloquence devant laquelle les 7.200 marks de l'allocation municipale, dont 2.600 pour les traitements, font l'effet d'une mauvaise plaisanterie.

COMMISSION PERMANENTE

DE LA

BIBLIOTHÈQUE MUNICIPALE

SÉANCE PRÉPARATOIRE DU JEUDI 29 FÉVRIER 1872

Présents : MM. Goguel, adjoint au maire ; Kablé, conseiller municipal ; Petiti, conseiller municipal ; Schimper, professeur ; Schmidt, professeur ; Rodolphe Reuss, professeur ; P. Ristelhuber, homme de lettres ; Brucker, archiviste en chef de la Ville ; Jacques Flach, avocat.

M. Goguel, président, expose qu'il est grandement temps que la ville songe à la reconstitution de sa Bibliothèque détruite, d'autant plus que tous les dons de livres qui sont adressés à Strasbourg, du dehors, vont augmenter la Bibliothèque de l'Université, dont le premier fond est la Bibliothèque de l'Académie, restée intacte. L'utilité d'une Bibliothèque municipale, à côté d'une Bibliothèque universitaire, n'a pas besoin d'être démontrée : sans compter que l'accès de la première sera toujours plus facile à chacun, les livres qu'elle renfermera seront moins spéciaux et par leur variété même à la portée d'un plus grand nombre de lecteurs ; au reste, l'histoire d'Alsace occupera une large place dans la collection à former. Le Conseil municipal, ajoute M. le Président, a voté une première somme de vingt mille francs pour être employés à la création d'une nouvelle Bibliothèque, et ne refusera certainement pas des subventions ultérieures. M. Goguel demande ensuite aux personnes présentes, si elles partagent les idées qu'il vient d'émettre et si la municipalité peut compter sur leur concours dans l'œuvre de reconstitution qu'elle veut entreprendre, auquel cas, il les prie de former dès à présent le Bureau de la Commission. Chacun ayant donné son assentiment, il est procédé à la constitution du Bureau de la manière suivante :

Président d'honneur : MM. LAUTH, maire de Strasbourg ;
Président : GOGUEL ;
Vice-Président : PETITI ;
Bibliothécaires : REUSS et RISTELHUBER ;
Secrétaire : FLACH ;

La Commission décide qu'elle se réunira de nouveau le lundi 4 mars, à 5 heures du soir, et charge le Secrétaire de rédiger pour cette séance un projet d'appel à adresser à ceux qui voudront prendre part, par des dons, à la reconstitution de la Bibliothèque.

La séance est levée.

SÉANCE DU 4 MARS 1872

Présidence de M. GOGUEL.

Présents : MM. SCHIMPER, SCHMIDT, PETITI, BRUCKER, RISTELHUBER, REUSS, CONRATH et FLACH.

M. GOGUEL donne lecture de l'arrêté du maire en date du 29 février instituant une Commission pour la reconstitution de la Bibliothèque, et nommant pour en faire partie : MM. Goguel, Kablé, Pétiti, Bœrsch (Ch.), Schimper, Schmidt, Rodolphe Reuss, Ristelhuber, Conrath, Brucker, Jacques Flach.

Il communique en même temps une lettre par laquelle M. Ch. Bœrsch s'excuse de ne pouvoir accepter ces fonctions. La Commission décide qu'on proposera au choix de M. le Maire, en remplacement de M. Bœrsch, M. Hecht, docteur en médecine.

M. RISTELHUBER demande si la Bibliothèque de Colmar a encore ses doubles. Plusieurs membres répondent affirmativement.

M. FLACH dit qu'il faudrait rechercher s'il n'existe peut-être pas une copie des *Collectanea de Specklé* faite par l'ancien bibliothécaire M. Jung, ayant appris que ce dernier avait effectivement entrepris de transcrire ce manuscrit.

D'après des explications données par M. SCHMIDT, il se trouverait dans les papiers laissés par M. Jung, diverses pièces appartenant à là Ville ou aux Archives, ce membre croit qu'il faudrait s'enquérir de ce qu'elles sont devenues.

LE SECRÉTAIRE donne lecture d'un projet de circulaire qui est adopté en substance, sauf la rédaction à en être définitivement arrêtée par lui d'accord avec M. Goguel.

M. SCHMIDT s'offre à faire des démarches pour l'acquisition de la Bibliothèque Schnitzler.

Sur la question du local, M. CONRATH dit que le 2ᵉ étage de la Mairie peut être mis à la disposition de la Commission.

MM. RISTELHUBER, REUSS et FLACH sont chargés de dresser une liste des diverses personnes auxquelles on adressera des circulaires.

M. SCHMIDT voudrait que l'on demandàt à M. le Maire de Colmar à quelles conditions pourraient nous être cédés les doubles de la Bibliothèque de cette ville. Sa proposition obtient l'assentiment de la Commission.

Il est décidé que la Commission se réunira tous les quinze jours, le lundi, à 5 heures du soir.

1.

SÉANCE DU 18 MARS 1872

Présidence de M. GOGUEL.

Présents : MM. SCHIMPER, SCHMIDT, PETITI, BRUCKER. KABLÉ, HECHT, RISTELHUBER, REUSS, FLACH.

Le procès-verbal de la précédente séance ayant été lu et approuvé, M. SCHMIDT donne lecture d'une lettre par laquelle M. Ignace Chauffour annonce que le Conseil municipal de Colmar a décidé à l'unanimité qu'il nous serait fait cession des doubles de la bibliothèque de cette ville, incunables et ouvrages postérieurs à 1550.

La Commission s'associe vivement aux remerciements qui ont été transmis déjà à M. Chauffour, par M. Schmidt.

M. Schmidt dit encore qu'il a fait des démarches, mais qui n'ont pu aboutir jusqu'à présent, pour obtenir la cession de la bibliothèque délaissée par M. Schnitzler.

Offre par M. Reuss, d'une chronique manuscrite de Nüremberg du XVIIe siècle, ainsi que d'une centaine de volumes. Remerciements.

D'après une communication faite par M. REUSS, M. Heitz, libraire, abandonne à la nouvelle bibliothèque, un grand nombre de brochures relatives à la Révolution et autres, que son père possédait en double.

M. GOGUEL donne connaissance d'une lettre qui a été adressée à M. le Maire, par M. Bischoff, de Bâle, lettre où ce dernier déclare explicitement que les dons venus de Suisse étaient destinés à la Ville seule, et conseille à l'administration municipale, afin d'éviter un conflit, de demander aux autorités allemandes que la Bibliothèque universitaire soit reconnue propriété de la Ville de Strasbourg.

M. SCHMIDT pense, et la Commission partage son avis, qu'il faut être reconnaissant à M. Bischoff pour les excellents conseils que sa lettre renferme, mais que, tout en s'abstenant de tout conflit, la Commission ne saurait entrer en négociations avec les administrateurs de la Bibliothèque universitaire.

Lecture est donnée d'une lettre de M. Auguste Stœber, de Mulhouse. M. Stœber annonce à M. le Maire qu'il a légué à la Ville deux autographes de Gœthe, relatifs à son séjour à Strasbourg, et de plus, la correspondance particulière qu'il a entretenue lui-même avec un grand nombre de savants et de littérateurs contemporains.

La Commission s'ajourne au 8 avril.

SÉANCE DU 8 AVRIL 1872

Présidence de M. GOGUEL.

Présents : MM. SCHIMPER, SCHMIDT, KABLÉ, HECHT, CONRATH, BRUCKER, RISTELHUBER, REUSS et FLACH.

M. PETITI se fait excuser.

M. SCHMIDT donne communication de la remise qui lui a été faite par M. Liblin, de Colmar, de ce qu'il restait entre ses mains des manuscrits de Grandidier, la plus grande partie avait malheureusement été restituée par M. Liblin, à la Bibliothèque de la ville, peu avant le bombardement.

M. Schmidt annonce de plus un prochain envoi de M. Auguste Stœber, de Mulhouse.

M. LE PRÉSIDENT communique :

1° Le don de M. Ernest Lehr, d'un exemplaire de son *Alsace noble*;

2° Une lettre de M. l'abbé Barère, de. . . . . . ., promesse de céder à la Bibliothèque, des manuscrits précieux, le jour où l'Alsace redeviendrait française ;

3° Une lettre de Mme veuve Kœchlin-Schlumberger, don des ouvrages de feu son mari ;

4° Une lettre de M. Baer, libraire à Francfort, mettant à la disposition du Comité, les ouvrages qu'il voudra choisir dans son catalogue, et annonçant de plus, un don de M. Cornélius, professeur à Munich ;

5° Les dons de MM. Treuttel et Wurtz, Derivaux, René Caillot, Lemaistre Chabert, M. Heitz (3.057 pièces relatives à la Révolution française), de l'Institut Luxembourgeois, de M. Kampmann, ancien adjoint (500 francs).

A propos des vœux émis dans diverses lettres de voir la Commission représentée à Paris, M. Goguel dit que M. Franck, libraire, rue Richelieu, a bien voulu se charger de nous servir de correspondant pour les dons venant de France.

D'après une communication faite par M. Schimper, M. Charles Vogt lui a annoncé que l'Institut nationale de Genève offrirait à la Bibliothèque la collection complète de ses publications.

MM. Reuss et Ristelhuber sont autorisés à acheter un certain nombre de volumes de M. Laffite, ancien professeur, au prix de 100 francs.

M. Goguel fait part de l'offre qu'a bien voulu faire Mme veuve Schnitzler, de céder gratuitement à la ville, la Bibliothèque russe de son mari, à condition seulement que son nom y resterait attaché et que le reste de sa Bibliothèque serait acheté à dire d'experts.

Cette offre est acceptée avec empressement par la Commission qui délègue MM. Kablé et Reuss pour procéder à l'estimation indiquée.

M. Le Président annonce encore que M. Silbermann serait disposé à vendre une partie de sa Bibliothèque. La Commission prie M. Schmidt d'en apprécier la valeur.

Communication est faite par M. Goguel, de la restitution opérée par un marchand d'antiquités, de divers objets provenant de la Bibliothèque.

Sur la question de l'exiguité des locaux actuels, M. Conrath dit que le bail de l'Ancienne Boucherie contient une clause résolutoire, et que l'appropriation de ce bâtiment pourra se faire sans difficulté.

SÉANCE DU 22 AVRIL 1872

Présidence de M. Goguel.

M. Goguel constate le bon effet produit dans le public par la notice publiée le 13 avril dans les *Affiches*, et propose d'en faire paraître une semblable après chaque séance de la Commission. Cette proposition est adoptée, et M. Reuss veut bien se charger de la rédaction de ces comptes-rendus.

D'après la communication faite par MM. Ristelhuber et Reuss, M. Laffite demande 120 francs pour les livres qu'il a offert de vendre. La Commission maintient son premier chiffre de 100 francs.

Mme veuve Huder ayant manifesté également l'intention de vendre la Bibliothèque de son mari, MM. Ristelhuber et Brucker sont autorisés à traiter avec elle pour les Alsatiques qu'elle possède, moyennant 50 francs.

La Commission decide l'achat au prix de 800 francs, de la Bibliothèque de M. Silbermann, ce dernier offrant gratuitement plusieurs ouvrages précieux, et entre autres le manuscrit original de la chronique de Walter (xviie siècle). Elle vote de plus 2,000 francs pour l'acquisition de la Bibliothèque de M. Schnitzler, et 1,000 francs pour permettre à M. Schimper d'acheter les ouvrages nécessaires à la classification définitive du Musée d'histoire naturelle.

Il est décidé que la Commission demandera au Conseil municipal le crédit nécessaire pour ces diverses dépenses, et lui soumettra en même temps la proposition d'acquérir de M. Silbermann, au prix de 1.200 francs, la collection complète des *Affiches et du Courrier du Bas-Rhin*.

M. Goguel dit qu'il a été fait des démarches auprès de MM. Wurtz, Himly et Ch. Lauth pour les prier de constituer un Comité auxiliaire à Paris.

Communication est donnée à la Commission des divers dons arrivés depuis la précédente séance, nᵒˢ 16-41.

SÉANCE DU 6 MAI 1872

Présidence de M. Goguel.

Présents : MM. Schmidt, Kablé, Conrath, Brucker, Ristelhuber, Reuss et Flach.

Les procès-verbaux des deux précédentes séances sont lus et adoptés.

M. Goguel donne lecture d'un extrait du registre des procès-verbaux du Conseil municipal, séance du 24 avril 1872. Le Conseil a voté une somme de cinq mille francs pour l'acquisition des Bibliothèques Silbermann et Schnitzler, et des ouvrages réclamés par M. Schimper pour la classification du Musée d'histoire naturelle.

M. Schmidt dépose sur le bureau le catalogue manuscrit de la Bibliothèque Alsatique offerte par M. Liblin, de Colmar. La Commission s'en remet à MM. Schmidt, Ristelhuber et Reuss, pour en estimer la valeur et s'adjoindre à cet effet, s'ils le jugent nécessaire, un libraire-expert à leur choix.

M. Goguel annonce la restitution par M. Albert Bergmann, d'un certain nombre de médailles recueillies après la destruction de la Bibliothèque, et l'acquisition moyennant

6o francs, de divers ouvages appartenant à Mme veuve Huder.

Divers dons assez importants sont promis de divers côtés : par l'Académie Stanislas, la collection complète de ses publications ; par la Société Dunkerquoise, 15 volumes publiés par elle ; par la Société Industrielle de Mulhouse, la collection de ses bulletins et autres ouvrages ; par M. Campan, la collection des Mémoires de la Société d'Histoire de Belgique ; par M. Schméring, de Dornach, divers ouvrages.

Une lettre de Florence fait part de la formation d'un Comité en cette ville, qui veut bien s'occuper dans l'Italie entière, de la reconstitution de la Bibliothèque de Strasbourg.

M. SCHMIDT dit qu'il a reçu de Paris, de M. Waddington, un don de 100 francs.

Communication est donnée d'une lettre de M. Liblin qui demande qu'un membre de la Commission aille à Colmar, prendre réception des doubles de la Bibliothèque de cette ville. M. Reuss est délégué à cette effet.

M. BRUCKER donne lecture d'un projet d'article en réponse aux attaques publiées par divers journaux allemands, notamment le *Bœrsenblatt*, contre l'œuvre de reconstitution d'une Bibliothèque municipale. M. Reuss est prié de remanier cette rédaction.

A propos de la formation d'un Comité auxiliaire à Paris, M. GOGUEL donne connaissance d'une lettre de M. Lauth qui maintient son refus d'en faire partie, au lieu que MM. Wurtz et Himly ont offert leur obligeant concours.

SÉANCE DU 27 MAI 1872

Présidence de M. PETITI, vice-président.

Présents : MM. KABLÉ, SCHIMPER, SCHMIDT, RISTELHUBER, REUSS et FLACH.

M. GOGUEL, après l'ouverture.

M. SALOMON, libraire, chargé d'estimer la Bibliothèque de M. Liblin, rend compte de son travail. Il indique comme chiffre de l'estimation, la somme de 2.664 francs, en faisant remarquer toutefois, que le prix de certaines collections est peut-être susceptible d'être forcé, et que le Comité pourrait dès lors offrir un chiffre rond de 3.000 francs.

Après cette communication, le procès-verbal de la précédente séance est lu et approuvé.

M. GOGUEL annonce que le *Bœrsenblatt* a refusé d'insérer la lettre que le Comité lui avait adressée dans ce but (?)

Lecture est donnée :

1° De lettres de M. R. de Turckheim qui donnent la nouvelle de la formation d'un Comité à Zurich, et fournissent des renseignements sur divers envois partis de cette ville en 1871, destinés à la Bibliothèque municipale et parvenus au docteur Barack ;

2° De lettres de M. Furnival, à Londres, lequel se charge de constituer un Comité central et des Comités locaux en Angleterre, et envoie un projet de circulaire imprimé par ses soins ;

3° D'une lettre de M. Vreede, d'Utrecht, offrant son concours à la Commission ;

4° D'une proposition de vente de gravures faite par M. Dangler, à Pfaffenhoffen, laquelle est renvoyée à la Commission du Musée.

5° Enfin, d'une lettre de M. Ignace Chauffour qui fait part

qu'une Commission spéciale procède en ce moment au triage des incunables de la Bibliothèque de Colmar.

M. GOGUEL donne l'indication des dons reçus depuis la précédente séance, et sur la proposition de MM. RISTELHUBER et REUSS, le Comité décide l'acquisition de divers alsatiques rares de la vente Piton.

M. REUSS dit qu'il a eu un entretien avec M. Louis Léger, lors de son passage à Strasbourg. M. Louis Léger se rend en Russie, chargé d'une mission du ministère de l'Instruction publique, et il voudra bien s'occuper de faire de la propagande dans l'intérêt de notre œuvre, dans les divers pays où il doit passer.

Une lettre de M. Engel-Dolfus à M. Schmidt, rend compte d'une démarche faite auprès de M. Spach, par les membres du Comité de la Société des Monuments historiques du Haut-Rhin, dans le but de faire attribuer à la Bibliothèque de Strasbourg, les collections de cette Société.

SÉANCE DU 17 JUIN 1872

Présidence de M. GOGUEL.

Présents : MM. SCHMIDT, KABLÉ, BRUCKER, CONRATH, RISTELHUBER, REUSS et FLACH.

M. LE PRÉSIDENT communique une lettre de M. Wurtz annonçant la constitution définitive du Comité de Paris : il se compose de MM. Patin, Mignet, Legouvé, Littré, Beulé, Wurtz. Daremberg, Himly, G. Masson, G. Hachette, Firmin Didot, Chaix.

D'autre part, le Comité de Londres se trouve formé, dit M. Goguel, et la création d'un Comité d'Utrecht est annoncée par une lettre de M. Vreede.

M. Liblin, dans une letre dont il est donné lecture, retire l'offre de vente qu'il avait faite de sa Bibliothèque.

Par contre, une dame Wilmann, demeurant route de Colmar, près Strasbourg, propose à la Commission l'achat d'une Bibliothèque lui appartenant. M. Salomon, libraire, sera prié d'en estimer la valeur.

Au sujet de la discussion récente qui a eu lieu au sein du Conseil municipal, M. REUSS émet l'avis que la Commission saisisse le Conseil d'une demande d'allocation de fonds sérieux qui lui permette d'entrer hardiment dans la voie des achats. La Commission approuve les observations présentées dans ce sens par MM. Schmidt et Reuss.

Il est décidé que l'on acquerra, sauf approbation du Conseil municipal, la collection complète du *Moniteur Universel* de 1789 à 1852, que M. Simon, libraire, offre au prix de mille francs, en déduction duquel prix pourra aller la valeur des volumes du *Moniteur* que la Bibliothèque possède déjà et dont on proposera l'échange à M. Simon.

MM. les Bibliothécaires sont autorisés à acheter un certain nombre d'alsatiques compris dans la vente aux enchères fixée au 24 juin, et de faire ces acquisitions par l'intermédiaire de M. Noiriel, libraire.

M. LE PRÉSIDENT donne l'indication des dons reçus depuis la dernière séance, et parmi lesquels il relève un envoi de Mᵉ Gérard, avocat, et la collection des publications de l'Académie de Lisbonne.

SÉANCE DU 15 JUILLET 1872

Présidence de M. GOGUEL.

Présents : MM. SCHIMPER, SCHMIDT, BRUCKER, CONRATH, REUSS et FLACH.

M. KABLÉ se fait excuser.

M. GOGUEL annonce la démission de M. Petiti.

Lecture est donnée d'une lettre de M. Dauchez, avocat à Paris, qui offre son entremise gratuite pour faire parvenir à la Commission, les ouvrages que l'Institut ou les ministères pourront lui octroyer. Cette offre est acceptée.

A ce propos, M. GOGUEL rend attentif à un article du *Temps*, du 17 juillet 1872, relatant le vote par lequel l'Académie des Inscriptions et Belles-Lettres a, sur la proposition de M. Guigniaut, décidé qu'elle ferait don de ses collections à la Bibliothèque municipale de Strasbourg.

M. LE PRÉSIDENT indique les dons reçus depuis la dernière séance.

Quant aux acquisitions faites, il annonce que le Conseil municipal a alloué à M. Schimper un crédit de mille francs pour la Bibliothèque du Musée d'histoire naturelle, Bibliothèque qui sera fondue avec celle de la ville; d'autre part, M. Goguel fait remarquer que l'achat décidé à la dernière séance, de la collection du *Moniteur Universel* est devenu sans objet, M. Brucker ayant reconnu que cette collection existe aux archives de la ville et peut être attribuée à la Bibliothèque ; enfin, il fait part de l'acquisition qui a eu lieu de Mlle Freiesleben, libraire, de la collection de l'Institut historique (1834 à 1863), 180 francs, et du journal de la Société d'horticulture du Bas-Rhin (1855 à 1867), 12 francs. Un article de la *Bibliographie de la France*, dont il est donné lecture, montre que le Conseil d'administration du Cercle de la Librairie, duquel il émane, fait une propagande active en faveur de la Bibliothèque de Strasbourg.

M. Schmidt insiste de nouveau sur la nécessité de faire des achats. Il est décidé que la Commission s'attachera surtout, quant à présent, aux achats d'occasions et que les divers membres dresseront des listes chacun dans sa partie, des ouvrages qu'il proposera d'acquérir.

Il n'est pas donné suite aux offres de vente d'une dame veuve Wilmann.

SÉANCE DU 12 AOUT 1872

Présidence de M. Goguel.

Présents : MM. Hecht, Reuss, Ristelhuber, Flach, Brucker.

M. Schmidt se fait excuser.

M. Le Présibent annonce que M. le professeur Fée a cédé à la Bibliothèque, pour la somme de 750 francs, un certain nombre d'ouvrages de littérature, espagnols et italiens. M. Fée a donné en même temps, en don, des ouvrages scientifiques importants.

M. Goguel rappelle que l'indemnité de 600.000 francs peut être considérée comme acquise. D'autre part, le Préfet lui ayant proposé d'affecter une partie de cette somme à la création d'une *Kunst und Gewerbe-Schule,* il a répondu que, contrairement à sa parole donnée, la municipalité ne pourrait se laisser aller à donner à l'indemnité une autre destination. La Commission s'associe à la manière de voir de son Président.

M. Goguel communique une lettre de M. le Préfet adressée au Maire, et dans laquelle ce magistrat demande qu'il soit rendu officiellement compte de tous les emplois de fonds faits pour le compte de la Bibliothèque, de plus, qu'on lui transmette la liste des personnes composant la Commission de la Bibliothèque avant la guerre, cette Commission devait être instituée par l'Administration (Ordonn. de 1839).

M. Goguel a répondu que la Municipalité a déjà nommé une Commission en vertu des usages traditionnels et des droits que lui confère la loi du 28 juillet 1837, art. 22 (Avis interprétatif de l'Ordonn. du 22 février 1839).

Il est rendu compte des envois de dons : Trübner, de Londres, Müller, Dr Eug. Bœckel jeune (collection de thèses de l'Ecole de médecine, etc.).

M. REUSS produit des extraits de divers catalogues et propose de faire l'acquisition d'un certain nombre d'ouvrages historiques qui y figurent. M. GOGUEL propose d'attendre jusqu'à la prochaine réunion du Conseil municipal, qui devra être consulté sur les allocations à accorder.

SÉANCE DU 23 SEPTEMBRE 1872

Présidence de M. KABLÉ, M. Goguel ayant été empêché d'assister.

Présents : MM. SCHIMPER, HECHT, RISTELHUBER, REUSS, FLACH.

M. CONRATH se fait excuser.

M. LE PRÉSIDENT donne communication d'une lettre de M. Flach, qui donne sa démission pour cause de départ. La Commission exprime à M. Flach tout le regret qu'elle éprouve à se séparer de lui.

La Commission, sur la proposition de M. GOGUEL, décide qu'il sera fait une démarche auprès de M. Petiti, pour l'engager à retirer sa démission. MM. Kablé et Schimper consentent à se charger de cette démarche.

M. Le Président demande l'avis de la Commission sur l'acquisition d'ouvrages d'architecture proposée par M. Conrath ; ces ouvrages, dont le prix s'élève à la somme de 6,494 francs, ont été, sur la demande de M. Conrath, envoyés en communication par la librairie Baudry, de Paris, qui consent à faire une remise de 10 %, si l'on arrive à prendre pour 5,000 francs de livres.

La Commission décide que la question sera renvoyée à la prochaine séance, la présence de M. Conrath lui paraissant indispensable en cette occurrence.

Il est donné communication des divers dons reçus de plusieurs côtés, depuis la dernière séance, entre autres d'un très bel envoi arrivé d'Angleterre, par les soins de M. Furnivall.

M. Le Président demande quelle suite devra être donnée à l'offre faite par M. Chaix, libraire, de fournitures gratuites d'imprimés, jusqu'à concurrence de 500 francs, pour circulaires en faveur de la Bibliothèque de Strasbourg. Il est décidé que M. Chaix sera prié d'appliquer cette offre généreuse au Comité de Paris.

M. Barth, libraire à Colmar, offre de vendre à la Bibliothèque, une partie de livres ayant, pour la plupart, un caractère alsatique. La Commission décide qu'on offrira à M. Barth, une somme de 400 francs.

M. Le Président annonce qu'on a retrouvé dans les combles de la Mairie le *livre* et la *clef* qui ont figuré en 1840, à la fête de Gutenberg ; ils ont été déposés momentanément aux Archives, en attendant qu'on puisse les transporter dans le nouveau local de la Bibliothèque.

SÉANCE DU 21 OCTOBRE 1872

Présidence de M. GOGUEL.

Présents : MM. SCHIMPER, SCHMIDT, BRUCKER, CONRATH, KABLÉ, REUSS, RISTELHUBER.

M. GOGUEL annonce la démission de MM. le Dr Hecht et Flach, avocat, qui quittent définitivement Strasbourg. La Commission exprime ses regrets, et prie M. Ristelhuber de se charger des fonctions de secrétaire, au lieu et place de M. Flach.

Il est donné lecture d'un passage de la *Bibliographia italiana* qui prouve que le Comité de Florence continue de recevoir des dons destinés à la Bibliothèque municipale (15 oct. 1872).

Il est donné lecture d'une lettre de M. Stromwald, de Strasbourg, du 18 août 1872, qui lègue sa Bibliothèque à la ville, avec la condition qu'il pourra en jouir jusqu'à sa mort.

Lettre de M. Léon de Bussière (29 sept. 1872), annonçant, avec l'envoi de quelques volumes, que son don destiné à la Bibliothèque, sera déposé par lui à Paris, dans le local du Cercle de la Librairie.

M. GOGUEL annonce que la Bibliothèque aura à prélever sur les budgets de la fondation Apffel de 1870, 1871 et 1872, une somme de 1,608 fr. 13 (1 % sur la recette de la dotation).

M. CONRATH présente une liste d'ouvrages d'architecture envoyée en communication à la Bibliothèque, par la librairie Baudry, de Paris. On décide qu'on fera l'acquisition de ces ouvrages jusqu'à concurrence d'une somme de 5,000 francs.

M. REUSS soumet une liste d'ouvrages historiques extraite des catalogues · de M. Baer, à Francfort-sur-Mein, de

M. Koehler, à Leipzig, et de M. Beck, à Nordlingen ; cette liste s'élève à la somme de 5,869 fr. 45. L'acquisition de ces ouvrages est décidée.

La Commission rejette une offre de vente faite par la famille Engelhardt, de Morat (Suisse). (7 oct. 1872).

M. Goguel annonce que M. Barth, libraire à Colmar, à consenti à vendre sa collection de livres pour 400 francs, et qu'à l'heure qu'il est, c'est une affaire réglée. (Lettre de M. Barth, du 23 sept. 1872).

MM. Reuss et Ristelhuber présentent leurs rapports sur les offres de vente faites par les familles Masuyer (Strasbourg), et Gast (Saverne). Le Comité décide qu'on ne traitera avec ces familles qu'à la condition qu'on aura la liberté du choix.

M. Le Président fait le dépôt, à la Bibliothèque de 20 petits volumes contenant des pièces de théâtre et provenant de l'ancienne Bibliothèque Apffel qui a été consommée par les flammes en même temps que celle de la ville.

Il indique ensuite les divers dons qui ont été reçus depuis la dernière séance : Société d'Histoire naturelle de Colmar ; M. Gustave Revilliod, de Genève ; M. Leversin, de Nancy ; M. Raeuber, directeur de l'octroi ; M. Garcin, pasteur à Asswiller ; M. Sal. Pestalozzi, de Zurich ; de l'Institut national de Genève ; de M. Kiéfer, chef de la comptabilité ; M. Lemp, de Nice.

Le Comité décide l'acquisition d'un Vossius en 6 volumes pour 48 francs, librairie Derivaux.

Ont été déposés à la Bibliothèque : 5 sabres, 2 cannes de tambour-major, une hache de sapeur provenant de l'ancienne garde nationale de Strasbourg, et le drapeau rouge qui servait jusqu'en 1857 à signaler les incendies du haut de la plate-forme de la Cathédrale.

SÉANCE DU 9 DÉCEMBRE 1872

Présidence de M. GOGUEL.

Présents : MM. SCHIMPER, SCHMIDT, BRUCKER, PETITI, REUSS, RISTELHUBER.

M. GOGUEL annonce qu'on achètera à la famille Masuyer pour 150 francs de livres.

Il est donné lecture de lettres de M. Chaix, à Paris, et de M. de Turckheim, à Zurich.

M. Chaix annonce qu'on va répertorier les volumes reçus et en préparer l'envoi.

M. de Turckheim se propose de faire un triage dans la Bibliothèque de son père, à Truttenhausen, et espère pouvoir adresser quelques ouvrages militaires ou autres.

Lettre de M. Gaspard Gorresio, secrétaire perpétuel de l'Académie de Turin, qui met à la disposition de la Municipalité, un exemplaire des *Atti della R. Academia delle Scienze di Torino*. M. Schimper est prié de faire retirer cet exemplaire, lors de son voyage à Turin.

Lettre de M. Barbera, président de l'Associazione tipografico-libraria Italiana, qui annonce l'expédition de 520 volumes, offrande des éditeurs italiens.

M. Hartwig Derenbourg, de la maison Sotheran Baer et Cie, offre les trente-six volumes des Mémoires de la Société des Antiquaires de France, pour 300 francs. La proposition est acceptée.

Communication d'une liste d'ouvrages dressée par M. Brucker, ouvrages qui se trouvent aux Archives de la ville et qu'on pourrait verser à la Bibliothèque.

M. GOGUEL présente le compte des sommes dépensées; sur le total de 22,208 fr. 10, il y a un reliquat de 3,271 fr. 40.

2

La Commission souscrit à l'ouvrage de M. Voulot : *Les Vosges avant l'histoire.*

M. SCHIMPER est prié d'aller voir Mme Kirschleger, relativement à la Bibliothèque de feu son mari.

M. GOGUEL expose que les rats sont dans le futur local de la Bibliothèque et que le remède préparé par M. le pharmacien Heydenreich, ne les a pas fait fuir ; on espère un résultat de l'introduction de chiens ratiers.

M. SCHMIDT annonce qu'un monsieur de sa connaissance possède un certain nombre de calques, d'après le manuscrit de Herrade, et qu'il en fait don à la Bibliothèque, mais à condition de ne pas être nommé. M. l'architecte Klotz devant posséder aussi de ces calques, la Commission prie M. Petiti de s'informer et de voir s'il y aurait moyen d'en faire prendre des copies.

SÉANCE DU 20 JANVIER 1873

Présidence de M. GOGUEL.

Présents : MM. SCHIMPER, SCHMIDT, PETITI, REUSS, RISTELHUBER.

M. PETITI annonce qu'il a été chez M. Klotz. Celui-ci possède une certaine quantité de calques d'après le manuscrit de Herrade, ils ont été exécutés par M. Schweitzer, artiste peintre et photographe, et portent l'indication des pages du manuscrit ; ils ont été pris principalement sur des figures qui ont de l'analogie avec celles des vitraux de la Cathédrale. M. Schmidt est prié de s'entendre avec M. Klotz pour les calques qui seraient à reproduire.

M. PETITI annonce en outre qu'il a reçu une lettre de M. Marcus, bibliothécaire de l'Académie de Metz, qui dcmande l'adresse qu'il faut donner aux envois à faire à la Bibliothèque municipale.

M. Goguel prie M. Reuss de rendre compte de son voyage à Paris. M. Reuss a vu M. Chaix, membre du Comité parisien de la reconstitution de la Bibliothèque, qui l'a reçu avec beaucoup d'amabilité et lui a dit qu'il était arrivé de 12 à 1500 volumes. Une circulaire a été lancée et les envois seront expédiés franco jusqu'à Avricourt.

M. Dupont, archiviste-trésorier de la Société de l'Histoire de France, adresse une lettre d'envoi concernant les volumes mis à la disposition de la Bibliothèque.

M. le Maire de Schlestadt envoie un relevé d'ouvrages à céder à la Bibliothèque. Ils consistent en incunables et pères de l'église.

M. Ingold, de Cernay, a remis au chemin de fer une caisse de livres pour la Bibliothèque. Dans le nombre est la *Chronique de Thann* offerte par la ville de Thann.

M. l'abbé Freyburger, curé d'Ensisheim, fait parvenir un petit envoi pour la même destination.

M. Bordes, libraire à Strasbourg, transmet un catalogue de livres anciens à soumettre à la Commission. M. Le Président propose d'en acheter pour 40 francs.

M. Goguel exhibe une lettre de M. le Dr Robert, du 21 janvier 1871, qui accompagnait un petit ballot de livres adressé par le Dr Lerch, d'Aix-la-Chapelle, pour la nouvelle Bibliothèque de Strasbourg. Nouvelle preuve que les Allemands ont cru au commencement que c'était pour la ville qu'on demandait leurs dons.

M. Goguel annonce que le local de la Grande Boucherie est à peu près terminé et qu'il y aura place pour 40,000 volumes.

M. Schimper a reçu une lettre d'Agassiz, de Boston, qui

annonce un envoi. Il s'agit de savoir si cet envoi n'est pas allé au Château, pour la Bibliothèque universitaire.

M. Goguel communique une lettre de M. le Préfet, du 13 décembre 1872, accompagnant un arrêté de M. le Président supérieur, du 30 octobre, qui renomme les membres actuels de la Commission en leur adjoignant M. Spach, archiviste, et M. Stenpel, regierungs-rath.

M. Goguel a répondu en maintenant le droit que confère à la municipalité, la loi du 28 juillet 1837, art. 22.

Situation financière au 15 janvier ; la somme disponible est de 2,092 fr. 44 c.

M. Schmidt demande l'acquisition des *Annales archéologiques* ; M. Petiti celle de la *Monographie des vitraux de Bourges* et de la *Caractéristique des Saints*, du Père Cahier.

CATALOGUE DES MANUSCRITS

DÉPOSÉS DANS LA MÊME PÉRIODE

1. *Litteræ in insula California partis mundi Americanæ a fratre meo charissimo Jacobo Begert S. J. Missionario in Alsatiam missæ.* Pertinent ad Fr. Xav. Begert, parochum in Dürningen, 1764. — In-4, pap., 271 pag.

Don de Mme veuve Kirschleger.

2. *Résidu des manuscrits de Grandidier :*
    a) Regeste des comtes de Ferrette, 1 tableau généalogique et 19 cah. de 4 pag.
    b) Dissertation sur la charte de Wernher pour Saint-Etienne et le diplôme de Henri, de 1022, pour Ebersmünster, 1 cahier de 15 pag.
    c) Sur les sépultures, 1 cah. de 9 pag.
    d) Fabrique de la cathédrale. 18 pag.
    e) Blasoniana. 2 cod. de 24 ff. chacun. (Publ. dans la *Revue d'Alsace*).
    f) Sur le luthéranisme, 35 ff.
    g) Sur le cardinal de Rohan, 24 ff.
    h) 17 pièces diplomatiques et 72 analyses.

3. *Copies de manuscrits anéantis par l'incendie du 24 août 1870 :*
    a) Chronique de Godefroy d'Ensmingen, notaire episcopal à Strasbourg. (1132-1372). (Publ. par M. Liblin, Mulhouse, Baden, 1868).
    b) Supplément aux essais de Grandidier sur la cathédrale.(Publ. par Liblin chez Berger-Levrault, Strasbourg).

c) Extraits de la chronique de Sébald Buehler, 1506-1586 (Publ. dans la *Revue d'Alsace* de 1872).

d) Plan de l'histoire de l'évêché de Strasbourg pour la Germania sacra. (Publ. dans la *Revue d'Alsace*).

4. *Mémoire concernant l'établissemene de la chambre souveraine d'Alsace,* où sont rapportés les droits du roi tant au regard des Ecclésiastiques et des Nobles que du Tiers-Etat, les engagements faits par la maison d'Autriche, l'Etat de la préfecture provinciale des dix villes Imperiales et tout ce qui concerne la Landvogtey de Hagueneau. — Dressé par ordre de M. Colbert de Croissy, intendant d'Alsace en 1661. In-fol., pap., 355 pag., XVIII° siècle.

Don de M. E. Dietrich.

5. (La Grange). *Mémoires sur la province d'Alsace, 1698.* Copiés par Phil.-Xavier Horrer. Commencés le 2 octobre 1779. — *Mémoires sur l'Alsace de l'année 1707.* In-fol., pap., 347 et 42 pag. On a ajouté des cartes et plans.

Don de M. E. Dietrich.

6. *Mémoire concernant l'opposition que les états protestants forment à la clause finale de l'art. IV de la paix de Ryswick.* 12 pag. in-fol., pap.

Achat Silbermann.

7. *Recueil des mémoires établissant les inconvénients du commerce des fraudeurs Anglois pendant les hostilités, les abus de la rançon,* etc., par M. Poirier, avocat en Parlement, 1780. In-4, pap., 131 pag., rel. mar. rouge.

Don de M. E. Dietrich.

8. HERMANN, J.-F. *Projet d'une caisse aux veuves et d'une d'éméritat des ministres du culte de la confession d'Augsbourg.* In-fol., pap., 1812.

Achat Silbermann.

9. *Histoire d'Alsace et de Strasbourg,* trois tableaux.

Achat Silbermann.

10. *Titres concernant Pierre-Frédéric Baron de Lefort*, chevalier du Saint-Empire, de l'ordre du mérite militaire et brigadier des armées du Roy. (En dernier lieu propriétaire du château de Kobsheim, par suite de l'alliance contractée en 1753 au dit lieu avec D. Caroline, baronne de Falkenhayn, décédée à Kolbsheim en 1784). Deux sur parchemin. Cinq sur pap., avec sceau en cire de l'empe-reur François, 1758.

> Don de M. E. Detroyes.

11. *Notes pour servir à la relation de la journée du 18 brumaire.* In-12.

> Don de M. R. Reuss.

12. *Correspondances et pièces historiques provenant des papiers de Ritter*, député du Haut-Rhin à la Convention.

> Don de M. Sabourin de Nanton.

13. *Notice historique sur Masevaux.* 6 pag. in-4.

> Don du même.

14. *Ancienne noblesse à Ribeauvillé.* 1 feuillet.

> Don du même.

15. *Documents concernant le fief des Zeyssolf, vassaux des comtes de Hesse-Hanau-Lichtemberg*, et qui comprennent : les actes d'investiture, d'indulta, de parition, les signatures et mandats de l'administration, les réquisitions, la correspondance avec la cour de Bouxwiller, les décomptes du fief entre les vassaux et co-intéressés, les mémoires de frais de voyage, etc. 1359-1787.

> Don de M. Lederlin.

16. *Hie 'hebet an die guldin Bulle und zu dem ersten die Vorrede.* (Bulle d'or de l'empereur Charles IV). In-4, pap. 58 ff., XVe siècle, d.-rel.

17. *Kayser Carls des fünfften gemeine Reichsordnung des peinlichen Gericht halben.* In-fol., pap., 68 ff.

18. *Jenner bin ich genannt, trincken vnd essen ist mir wol bekannt,*
etc. In-4, pap., 103 ff., XVe siècle, d.-rel. (Calendrier, préceptes
hygiéniques, etc.).

Achat Silbermann.

19. *Quod fœlix ac faustum sit, incipit annus quinquagesimus septi-*
mus et sequuntur negotia capitularia per secretarium eodem anno
excepta. (Procès-verbaux du chapitre de la cathédrale, de 1557 à
1561, en allemand). In-fol., pap., 349 ff., XVIe siècle, rel. parchem.

Achat Silbermann.

20. *Protokoll-Buch des Capitels des hohen Stifft Strassburg, 1586-87.*
In-fol., pap., 50 ff., en mauvais état, rel. en peau de truie à ferre-
ments.

Achat Silbermann.

21. *Verzeichniss der Rathsmitglieder des Strassburger Magistrats*
von 1190 bis 1333. In-fol., pap., 40 ff., XVIe siècle. — In einem
alten Messbuch zu Breysach erfund worden, 1543. — Abgestorbene
Geschichten ex Seb. Miegio nobiliss. indagatori familiarum.
2 ff., pap.

Achat Silbermann.

22. *Baux et renouvellemens de biens apppartenant à la ville de*
Strasbourg, au couvent de Saint-Nicolas aux ondes, à la fondation de
Saint-Marc, à l'hôpital Saint-Arbogast, 1557-1726. Parchemin et pap.

Achat Huder.

23. *Wahre Beschreibung und gründlicher Bericht von dem*
Ursprung, Anfang, Zustand, Anstellung und Endtchafft der wunder-
baren Rotterei, bürgerlichen Tumult und machtigen Uebelstand der
Statt Mulhausen im Ober-Elsass Anno Christi MDLXXXVI ange-
fangen... Beschrieben durch Daviden Zuingerum, dienern der
Kirchen daselbsten. In-fol., pap., XVIe siècle, 157 ff., rel. parch.

Achat Schneider, de Bâle.

24. (OSEÆ SCHADÆL). *Strassburgische Cronica.* In-fol., pap.,

1614,37 ff. préliminaires. Chronique, 360 pag., appendice, 158 pag. — *Herrlichkeiten vom Münster*. 16 pag., rel. peau de truie.

25. (KLEINLAWEL). *Strassburgische Chronick...* Durch einen Liebhaber der teustch poeterey, 1625. In-fol., pap., 198 pag., XVII⁰ siècle. — Extract auss Hier. Welsser's *Revssbeschreibung de a. 1658 auss Spanien*, 6 pag.

Achat Silbermann.

26. SCHMID (Joh. Fried.). *Summarischer Bericht von Erzahlung was von dem iahr 1518 bis auf gegenwartige Zeit wegen abschaffung des babstumbs. . worgeloffen, 1628*. In-fol., pap., 144 ff., XVII⁰ siècle, rel. parch.

Achat Silbermann.

27. (WALTER, J.). *Chronicon Argentoratense, hoc est kurze Beschreibuug*, etc. Durch einen historischen Liebhaber. In-fol., pap., 301 ff. Va jusqu'en 1675, avec un index d'André Silbermann.

Don de M. Silbermann.

28. *Verzeugnuss der Kirchen, Kloster, Capellen, Spittaller vnd anderen gebogen so von Christi geburth biss auff jetziger Zeit in der Statt Strasburg auffgericht worden*. In-fol., 45 et 46 pag. (Après 1686). — A la suite, imprimé : *Warum das Krauselhorn auf dem Münster zu Strassburg geblasen wird*, etc.

Achat Silbermann.

29. SILBERMANN, J. A. *Local-Register zu D. Speckle, Landcharte vom Elsass, 1757*, avec portrait de Speckle. 18 ff., in-8.

Don de M. Jules Müller.

30. MULLER. *Annales Norici usque ad annum 1552.* (En allemand). 5 tom. en 4 vol., in-fol. — 3 br. 1 rel. parch.

Don de M. Pestalozzi-Hirzel, de Zurich.

31. BULLINGER. *Reformations-Historie*, erster Theil, in-fol., pap., XVI⁰ siècle, rel. peau de truie.

Don du même.

32. *Vorred H. Rud. Gwalther über dieses Büchlin.* (Préface datée de 1580, chronique allant jusqu'à 1519). In-4, pap., 184 ff., XVIe siècle, d.-rel. parch.

Don du même.

33. *Zwiefaches Register und Anzeiger über die Manuscripta oder geschriebene ausserlesene Sachen Johan Heinriches Wassers Alstaatschreibers und Bürgermeisters so denn auch über die in offenem Druck aussgangene von ihm zusammen gebrachte Bücher,* etc., *Anno 1664.* In-4, pap., 283 pag., XVIIe siècle, cart.

Don du même.

34. *Grundlicher Verlauff und Berich was gestalten der herrschaft Wadteschweil mehrtheils unterthanen sich der jahrlichen aufnehmenden gütsstühr zu weigern angefangen,* etc , *1646.* In-fol., pap., XVIIe siècle, 556 pag. et deux appendices, cart.

Don du même.

35. *Eigentliche Beschreibung dess zu Paris mit konig. May. zu Frankreich und Navara Ludovico XIV Anno 1663 erneuerten und von samt Eydgenoss. Cantons nebst lobl. zugenannten Ohrten durch dero Ihren Deputierten solenniter geschworenen Pundt wie auch accurate Beschreibung dero hin und heim Reis,* durch einen Liebhaber vaterl. Historien. (Collection des traités signés entre les rois de France et les cantons helvétiques). In-fol., pap., 214 pag., XVIIe siècle, cart.

Don du même.

36. HOTTINGER (Joh. Heinr.), theologiæ professor. *Speculum helveticum. — Berner Krieg. — Wigoldinger Handel. — Reiss an die reformirten Fürsten. — Rapperschwiller Krieg,* etc., *1653-1657.* In-fol., pap., XVIIe siècle, cart.

Don du même.

37. *Taglich Handbuch darin aller hand teutsche Reimen und Sprüch : Geist- und welllich, item Artznei. Baumpflantz,* etc. *Durch mich Johann Georg Abelen Schul und Rechenmeister in Hall Anno 1659.* In-4, pap., 550 ff., rel. peau de truie.

38. Splendor solis. *Vom Ursprung des Steines der alten Weisen,* etc. In-fol., pap, 333 ff., XVIIIᵉ siècle, 23 planches coloriées, rel. pleine.

Achat Silbermann.

39. BRAUN, Joh. Philip. *Notariatsbuch, Strassburg 1671.* In-fol., pap., 571 pag., XVIIIᵉ siècle.

Achat Silbermann.

40. *Entschuldigung Catharina Schutzinn für M. Matthis Zellen, jren Eegemahl der ein Pfarrherr und djener ist im wort Gottes zu Strassburg. Von wegen grossen lügen uff in erdiecht,* etc., 32 pag. in-8.

Copie exécutée par Th. de Liebenau, archiviste du canton de Lucerne, d'après l'exemplaire retrouvé par lui à la bibliothèque municipale de Zurich.

41. *Chronik der Stadt Nürnberg bis zum Jahr 1678.* In-fol., pap., 355 pag., XVIIIᵉ siècle.

Don de M. R. Reuss.

42. *Inventarium alter Haab und Güthern des wohlehrenvesten J. G. Walter, handelsmann zu Strassburg 1764.* In-fol., pap., 106 ff.

Don du même.

43. *Pompe (la) pneumatique.* 35 planches avec texte explicatif in-12, rel. pleine, dent. tabis et fermoirs.

44. *Leçons de géographie sphérique.* (Cours de Saint-Cyr). In-fol., d.-rel.

Don de M. le baron Fririon.

45. *Messa... di Francesco Xaverio Richter, maestro di Capella.* Autographe, 134 pag. in-fol.

Don de M. Silbermann.

PARIS. — IMP. CHARLES SCHLAEBER, 257, RUE SAINT-HONORÉ.

TABLE DES MATIÈRES

                                          Pages

Introduction.   5

Procès-verbaux des séances de la Commission de la Bibliothèque   7

Catalogue des manuscrits déposés 1872-1873   29

Bibliotheksordnung

für die

Stadtbibliothek von Straßburg.

---

§ 1.

Die Bibliothek ist dem Publikum jeden Dienstag, Donnerstag und Freitag von 2 bis 5 Uhr, mit Ausnahme der Feiertage, geöffnet. Sie bleibt während der Herbstferien, vom 15. August bis zum 1. Oktober geschlossen.

§ 2.

Außerdem ist der Lesesaal der Bibliothek an den obigen Tagen von 7 Uhr bis 9 Uhr Abends geöffnet. Personen, welche denselben benutzen wollen, sind aufgefordert, die Titel der gewünschten Bücher schon am vorigen oder am laufenden Tage, vor zwei Uhr Nachmittags, anzugeben, da das Betreten des Bibliothekfaales bei Licht nicht gestattet ist.

§ 3.

Personen, welche die inneren Räume der Bibliothek zu besichtigen wünschen, haben sich zu diesem Behuf an den Bibliothekar zu wenden, welcher den Bibliotheksdiener mit dem Herumführen der Besucher beauftragt. Es ist nicht mehr als zehn Personen auf einmal der Eintritt in das Bibliothekslokal selbst zu gestatten, und sollen sich dieselben aller Berührung der darin aufgestellten Gegenstände, sowie des Herabnehmens der Bücher von den Repositorien enthalten.

§ 4.

Es ist verboten mit lauter Stimme in dem Lesesaal der Bibliothek zu sprechen oder sonst irgend eine Störung daselbst zu verursachen.

§ 5.

Alle auf der Bibliothek befindlichen Werke können im Lesesaal benützt werden; es ist jedoch nicht gestattet, die Cataloge der Bibliothek, Encyclopädien, Wörterbücher, bibliographische Nachschlagbücher u. s. w. nach Außen zu vergeben.

§ 6.

Personen, welche der Bibliothek Bücher zu entleihen wünschen und die keinem der Bibliothekarbeamten persönlich bekannt sind, müssen durch irgend ein offizielles Schriftstück den Ausweis ihrer Unbescholtenheit, sowie daß sie in Straßburg wohnhaft sind, beibringen.

§ 7.

Kein Buch kann nach Außen verliehen werden, ohne daß sein genauer Titel, das Datum des Entleihens und die Wohnungsangabe des Entleihers von dem Bibliothekar in das officielle, dazu bestimmte Register eingetragen worden seien.

§ 8.

Außerhalb Straßburg's wohnende Personen müssen bei dem Bibliothekar schriftlich um die Erlaubniß, Bücher zu entleihen, nachsuchen.

§ 9.

Handschriften, sowie einzelne Bände werthvoller, wissenschaftlicher oder künstlerischer Sammelwerke können außerhalb der Bibliothek nur mit Genehmigung der Stadtverwaltung und nach Niederlegung einer vom Bibliothekar festzusetzenden Geldsumme (oder entsprechender Garantien), ausgeliehen werden.

§ 10.

Im Durchschnitt soll Niemand mehr als sechs Bände auf einmal entnehmen. Das Entleihen von Büchern im Namen eines Dritten ist absolut untersagt.

§ 11.

Die entliehenen Bücher sollen nicht länger als einen Monat zurückbehalten werden. Ist das entliehene Werk unter der Zeit von keinem Andern begehrt worden, so kann die Zurückgabe desselben von 14 Tagen zu 14 Tagen auf den Wunsch des Entleihers verschoben werden. Aber auf die Aufforderung des Bibliothekars muß jedes länger als einen Monat ausgeliehene Werk binnen drei Tagen zurückgebracht werden.

§ 12.

Vor den Herbstferien müssen sämmtliche ausgeliehene Bände, behufs der General-Revision, zurückgebracht werden, falls nicht spezielle Dispens durch den Bibliothekar ertheilt wird.

§ 13.

Alle Eintragungen, Noten, Randglossen und Correkturen in den ausgeliehenen Bänden sind strengstens verboten. Ist ein Band oder ein Werk durch den Entleiher beschädigt oder verloren worden, so ist derselbe verpflichtet, den vollen Schadenersatz (Ankaufspreis und Einbandskosten) zu leisten.

§ 14.

Dem Bibliothekar liegt die Handhabung der vorstehenden Ordnung ob; derselbe ist befugt, denjenigen Personen, welche die Vorschriften derselben nicht befolgen, den Eintritt in die Bibliothek und die Benutzung ihrer Hülfsmittel zu versagen.

Straßburg, den 26. Dezember 1873.

Der Stadtbibliothekar,
Rud. Reuß.

Straßburg, den 30. Dezember 1873.

Gesehen und genehmigt:
Der Bürgermeistereiverwalter,
Back.

RÈGLEMENT

de la

BIBLIOTHÈQUE MUNICIPALE

de Strasbourg.

§ 1.

La Bibliothèque municipale est ouverte au public les mardis, jeudis et vendredis, de deux à cinq heures, sauf les jours fériés. Elle est fermée pendant les vacances d'automne, du 15 août au 1er octobre.

§ 2.

La salle de lecture est ouverte en outre les jours indiqués plus haut, de sept heures à neuf heures du soir. Les personnes qui voudraient en profiter sont priées de désigner les titres des volumes qu'elles désirent, le jour précédent ou dans la journée même, avant deux heures de l'après-midi, l'accès de la salle de Bibliothèque étant interdit la nuit.

§ 3.

Les personnes qui désireraient visiter la salle même de la Bibliothèque devront s'adresser au bibliothécaire, qui chargera le garçon de bibliothèque de les conduire. Il est interdit d'introduire dans la salle plus de dix personnes à la fois; elles devront s'abstenir de toucher soit aux livres placés sur les rayons, soit aux autres objets déposés dans la salle.

§ 4.

Il est défendu de parler à haute voix dans la salle de lecture et d'y causer aucun autre dérangement.

§ 5.

Tous les ouvrages de la Bibliothèque pourront être utilisés dans la salle de lecture; mais il est interdit de prêter au dehors les catalogues de la Bibliothèque, dictionnaires, encyclopédies, recueils bibliographiques, etc.

§ 6.

Les personnes qui désireraient emprunter des livres au dehors de l'établissement et qui ne seraient pas personnellement connues de l'un des bibliothécaires, devront présenter une pièce officielle, constatant leur respectabilité et le fait de leur domicile à Strasbourg.

§ 7.

Aucun livre ne peut être prêté au dehors sans que son titre exact, la date du prêt, le nom et l'adresse de l'emprunteur aient été inscrits par le bibliothécaire dans les registres officiels.

§ 8.

Les personnes domiciliées hors Strasbourg devront adresser une demande par écrit au bibliothécaire, pour obtenir l'autorisation d'emprunter des livres.

§ 9.

Les manuscrits, ainsi que les volumes des grandes collections artistiques et scientifiques, ne pourront être prêtés hors du local de la Bibliothèque qu'avec l'autorisation de l'administration municipale et contre une somme en garantie, fixée par le bibliothécaire, équivalant à la valeur de l'ouvrage prêté.

§ 10.

Personne ne pourra emprunter, en moyenne, plus de six volumes à la fois. Il est absolument interdit d'emprunter des volumes pour un tiers.

§ 11.

Les livres prêtés ne devront point être gardés au-delà d'un mois. Si l'ouvrage prêté n'a point été réclamé dans l'intervalle par autrui, le terme de la rentrée du volume peut être prolongé de quinze jours en quinze jours, sur la demande de l'emprunteur. Tout volume prêté depuis plus de quatre semaines devra être rapporté dans les trois jours, sur la réquisition du bibliothécaire.

§ 12.

Avant les vacances d'automne tous les volumes devront rentrer à la Bibliothèque pour la révision générale, sauf autorisation spéciale du bibliothécaire.

§ 13.

Toute annotation aux volumes prêtés est sévèrement interdite. S'il arrive que l'un des volumes soit détérioré ou perdu, l'emprunteur est tenu d'en restituer à la Bibliothèque le montant total (prix d'achat et de reliure).

§ 14.

La mise à exécution du présent réglement est confiée au bibliothécaire. Il aura le droit de refuser l'accès de la Bibliothèque aux personnes qui refuseraient de se conformer aux prescriptions énoncées plus haut.

Strasbourg, 26 décembre 1873.

Le bibliothécaire de la ville,
Rod. Reuss.

Strasbourg, 30 décembre 1873.

Vu et approuvé :

L'administrateur municipal,
Back.

10. Schenkung zu Gunsten der Stadtbibliothek.

Der Herr Bürgermeister verliest das folgende ihm zugegangene Schreiben:

**An den Herrn Bürgermeister
der Stadt Straßburg
Hochwohlgeboren hier.**

Straßburg, den 3. November 1895.

Hochgeehrtester Herr Bürgermeister,

Als im Jahre 1870, nach dem Untergang unserer Bibliotheken, auch mit der Seminarbibliothek die berühmte Collectio Venckoriana, eine Sammlung von 20 000 bis 25 000 Flugschriften des XVI und XVII Jahrhunderts, an der drei Generationen von Gelehrten und Staatsmännern des Wencker'schen Geschlechtes gearbeitet hatten, zu Grunde gegangen war, faßte ich den Entschluß, diesen schweren Verlust für die zeitgenössischen Historiker, so weit es meine schwachen Kräfte erlaubten, meiner Vaterstadt zu ersetzen. Niemand konnte damals besser den Werth einen solchen Broschürensammlung für wissenschaftliche Zwecke beurtheilen als ich selbst, da ich im Auftrage des protestantischen Seminars mit Anfertigung des Katalogs der Sammlung beauftragt war, und ermessen welch ein Schatz culturhistorischer Notizen in diesen fliegenden, meist auf Löschpapier gedruckten Blättern verborgen lag.

So habe ich denn, seit fünfundzwanzig Jahren, mit Aufwand von viel Arbeit und nicht unbedeutenden Auslagen, eine ähnliche Sammlung von Broschüren aller Art, vom Siebzehnten Jahrhundert bis zu dem laufenden Jahre zusammengebracht, an Zahl die Elftausend überschreitend, und von einem jetzt schon bedeutenden, rein materiellen Werthe, von noch größerem wissenschaftlichen Werthe, der sich nur fortwährend steigern kann, denn alle diese zahllosen Tageserzeugnisse verschwinden eben so schnell als sie entstehen, da selten Jemand Muße und Lust hat sie zu sammeln, und auch die größten Bibliotheken sich mit dergleichen nicht systematisch befassen können. Diese Sammlung wollte ich ursprünglich erst nach meinem Tode testamentarisch der Stadt Straßburg hinterlassen, und sie bis an mein Ende weiter vermehren. Da jedoch mein Wegzug aus der Heimath im Laufe des nächsten Jahres bevorsteht, wie Sie aus meinem, vor vier Wochen eingereichten Abschiedsgesuch zum kommenden 1. April ersehen haben werden, so habe ich mich entschlossen, diese Schenkung jetzt schon zu vollziehen.

Ich knüpfe an dieselbe nur zwei Bedingungen:

1) Die Sammlung bleibt unveräußerliches Eigenthum der Stadtbibliothek von Straßburg, und würde bei Aufhebung oder Verschmelzung derselben mit anderen Bibliotheken und Sammlungen, an mich oder an meine Erben zurückfallen.

2) Die Sammlung bleibt vereinigt, und ungetrennt unter dem Gesammttitel: Collectio Reussiana, in einer Reihe von einfachen soliden Bänden aufgestellt; die Kosten dieses Einbandes würde das Budget der Stadtbibliothek zu tragen haben. Dieses letztere Begehren ist durch die Erfahrung hervorgerufen, wie häufig in Bibliotheken, Broschürensammlungen auseinander genommen werden und gerade die interessantesten Piecen dabei verschwinden und verloren gehen; dann auch durch den gewiß berechtigten Wunsch, in der Bibliothek, die ich während drei und zwanzig Jahren geleitet habe, eine Erinnerung an meine Wirksamkeit für spätere Geschlechter zu hinterlassen. Es dürfte sich die benöthigte, außerordentliche Ausgabe zur Deckung der Kosten für Einbinden dieser 11 000 Broschüren (30—40 Stück per Band; und zu 1 ℳ — 1,50 ℳ der Band) auf circa 400—450 ℳ belaufen, eine Ausgabe die bei dem Werthe der Sammlung gewiß nicht schwer ins Gewicht fällt.

Falls die Stadtverwaltung die unter diesen Bedingungen angebotene Schenkung annimmt, wäre ich dankbar für baldige Mittheilung über diesen Entschluß, um noch selbst die längere Zeit in Anspruch nehmende Arbeit des Eintheilens und Bindens der Sammlung leiten und besorgen zu können.

Ich verbleibe, hochgeehrtester Herr Bürgermeister,
Hochachtungsvollst

Prof. Dr. **Rud. Reuß.**
Stadtbibliothekar.

Nach einer dem Schreiben beigegebenen Uebersicht der Kollektion hatte dieselbe am 1. Januar 1894 einen Bestand von

	Stück in 8⁰ u. 4⁰	Stück fol. doppfol.
aus dem XV. Jahrhundert	51	—
" XVI. Jahrhundert	546	7
" XVII. Jahrhundert (vor der Revolution)	433	56
Revolutionszeit (1789 - 1804) . . .	814	155
aus dem XIX. Jahrh. (1805—1847) .	2659	104
aus der Revolutionszeit von 1849—1851	1044	121
aus dem XIX. Jahrhundert (1852 bis Juli 1870) . .	2804	139
aus dem XIX. Jahrh. (1870—1895 .	1704	157
	10055	739

Summa . . . 10794 Stück.